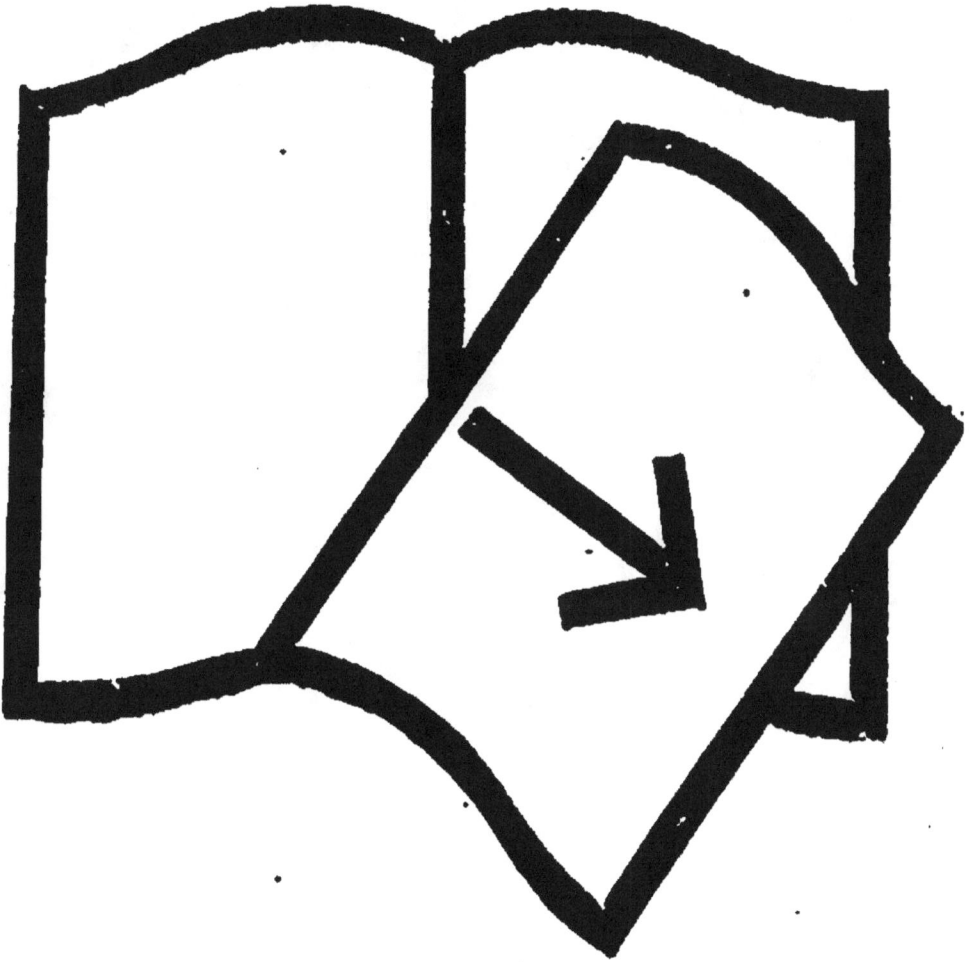

Couvertures supérieure et inférieure
manquantes

VILLE DE LAON

QUESTION DES EAUX

NOUVELLE

PROTESTATION

CONTRE LE PROJET.

LAON

IMPRIMERIE ÉDOUARD HOUSSAYE

RUE SAINT-JEAN, 39.

—

1868.

NOUVELLE PROTESTATION

CONTRE

LE PROJET DES EAUX.

On a répandu dans le public, il y a peu de temps, une brochure destinée à réfuter, sous la signature d'un certain nombre de conseillers municipaux, notre étude comparative de la question des eaux entre Soissons et Laon.

Si son auteur s'était contenté de chercher, pour nous combattre, à nous mettre en désaccord avec nous-même, ou à signaler nos prétendues erreurs, il ne serait pas sorti de son droit; mais en insinuant aussi que nous avons dénaturé les faits au profit de notre cause, il nous force à protester contre un reproche qui serait de nature à atteindre notre loyauté et notre bonne foi.

Dans cette situation, nous savons trop ce que nous devons aux électeurs qui nous ont investi de leur confiance, nous savons trop ce que nous nous devons à nous-même, pour ne pas repousser cette grave imputation, et nous pensons ne pouvoir mieux faire, pour montrer de quel côté sont la vérité et la bonne foi, que d'exposer de nouveau les principaux points de cette malheureuse affaire.

Notre adversaire se demande d'abord quels rapports peuvent exister entre Soissons et Laon, la première de ces deux villes étant située dans une plaine, quand l'autre est placée sur un sommet élevé; l'une n'ayant qu'à puiser l'eau dans la rivière qui baigne ses murs (une vraie rivière celle-là), l'autre étant *obligée*, selon les auteurs du projet, bien entendu, de l'aller chercher fort loin et de l'élever fort haut; puis il ajoute : « Du moment que l'eau est un besoin « incontestable, doit-on s'en priver parceque les moyens

» de l'obtenir *seront plus dispendieux à Laon qu'à Soissons?* »

Voilà un aveu plein de franchise, assurément ; mais comment le concilier avec cette affirmation : que la dépense 'du projet de Laon excédera à peine celle du projet de Soissons, surtout quand cette dernière ville prévoit dès à présent une dépense de *quatre cent mille francs.* Soyez donc conséquents, et avouez que si ce chiffre doit être atteint à Soissons, « cette ville si heureusement douée, dites-vous, » sous le rapport de la situation et des ressources, » il sera fatalement dépassé à Laon, qui se trouve dans des conditions topographiques tout-à-fait défavorables.

On n'en affirme pas moins que le chiffre de 300,000 fr. *est le dernier mot de la dépense,* parceque le projet a tout prévu, tout calculé.

Mais qui donc serait assez dépourvu d'expérience pour ignorer que dans tous les travaux, grands ou petits, les chiffres des devis sont constamment dépassés. Nous pourrions en citer de nombreux et déplorables exemples dans des entreprises du genre de celle qui nous occupe ; mais il n'est vraiment pas nécessaire de les aller chercher aussi loin, nous n'avons qu'à voir ce qui s'est passé sous nos yeux. Personne de nous aurait-il oublié ce que nous a coûté, au-delà des devis et de toutes les prévisions, notre Hôtel-de-Ville, les bâtiments neufs de l'Hôtel-Dieu, le musée, la salle de spectacle, la maison du bureau de charité, etc. !!!

Passant à la question des surtaxes, nous dirons qu'il importe peu de savoir qu'elles ne constituent pas une recette ordinaire, mais bien extraordinaire. Ce qu'il importe, c'est de constater que leur suppression produirait un déficit annuel *de près de quinze mille francs* dans notre budget, ou pour parler plus franchement, que sans elles on ne pourrait réaliser le boni de 10,000 fr. dont on a tant besoin.

Pour justifier le maintien de cet impôt, on met en avant ce paradoxe, à savoir : *qu'il ne grève en aucune façon les classes nécessiteuses* (p. 5, notes), comme si les classes *ouvrières* (nous leur restituons leur véritable nom), ne consommaient pas quatre ou cinq fois autant que les classes aisées, en raison de ce qu'elles sont de beaucoup plus nombreuses. Ce sont donc elles en réalité et quoi qu'on en dise, qui supportent la plus large part dans cette lourde charge.

Il est préférable, ajoute-t-on, de maintenir cet impôt que d'augmenter les taxes principales. En vérité nous l'ignorons : ce serait à examiner. Aussi bien nous ne réclamons rien de semblable. Nous demandons, au contraire, que la ville, par un emploi sage et prudent de ses ressources, s'efforce d'arriver à se passer de la surtaxe, et même des centimes additionnels, dont la suppression ne nous paraît pas moins désirable dans l'intérêt de la culture, du commerce et de l'industrie. Sur qui pèsent en effet plus particulièrement ces impôts, sinon sur le cultivateur, l'industriel et le commerçant, puisqu'étant assis sur les quatre contributions directes, ils frappent à la fois la production et la consommation.

On ne craint pas de nous accuser (p. 7 et 8), d'avoir à dessein cité incomplètement, inexactement même, les rapports de l'Administration, pour la mettre en contradiction avec elle-même. Voyons si nous méritons ce grave reproche.

Nous avons dit que M. le maire, dans son rapport du 13 mars 1865 et sa lettre du 28 du même mois, avait hautement déclaré : que *la question des eaux ne pouvait être résolue que par le seul moyen des concessions.* On nous renvoie à la page 6 du même exposé pour nous prouver qu'on ne comptait pas, comme nous le disions, sur cette seule ressource, puisque l'on estimait dès lors qu'il y aurait lieu de faire ultérieurement appel aux centimes additionnels.

Nous avons donc recouru à la page 6, et, nous le disons à regret, nous n'y avons rien vu de semblable. On y lit seulement ceci : « Pendant 8 ans, et jusqu'au moment où » nos centimes additionnels redeviendront disponibles, on » affectera 5,000 fr. à l'amortissement du capital. » Comment faut-il entendre ces paroles ? sinon qu'on se proposait d'appliquer plus tard tout ou partie de ces mêmes centimes à l'amortissement du capital, la somme de

5,000 fr. ne pouvant suffire à cet objet; mais le chiffre de *vingt-deux mille francs de concessions* est formellement déclaré *nécessaire et le seul moyen* de réaliser cette grande entreprise (rapport, p. 4, 6 et 7). On le voit, le reproche d'avoir cité inexactement ne saurait nous atteindre, et peut-être aurions-nous le droit d'y voir un moyen imaginé pour échapper aux graves conséquences de déclarations aussi formelles.

A cette occasion, il importe de protester contre une erreur qu'on s'efforce d'accréditer pour justifier le projet. A entendre ses auteurs, l'administration municipale de Laon se serait préoccupée, *à toutes les époques,* de la pénurie d'eau qui se ferait sentir dans la ville.

Cette assertion est plus que légère, elle est complétement erronée. Il est absolument impossible à personne de produire une preuve quelconque de cette prétendue préoccupation. Ce qui est vrai, c'est que les différents projets de distribution d'eau à Laon qui se sont produits depuis 1719, ont *tous* été dûs à l'initiative privée. Leurs auteurs étaient simplement des spéculateurs, qui ne cherchaient dans cette entreprise que de l'argent à gagner; et s'ils furent tous écartés, c'est moins parceque la ville manquait de ressources, comme on se plait à le dire, que parce que les habitants, pas plus que l'administration elle-même, n'en voyaient pas la nécessité. En 1814, lors de la bataille de Laon, le plateau fut occupé durant plusieurs jours par 50 ou 60,000 Russes et Prussiens, avec plusieurs milliers de chevaux, et l'on n'a pas manqué d'eau, bien que la ville en fût encore réduite alors à ses puits et à ses fontaines, les citernes n'ayant été établies que beaucoup plus tard.

Mais cette seule ressource fut largement suffisante. En effet, au lieu de *quelques puits,* comme on a osé le dire, la ville n'en compte pas moins de 5 à 600, contenant ensemble une quantité d'eau qu'on peut sans exagération évaluer à un *million de litres.* Nous connaissons un puits qui fournit à lui seul 20,000 *litres d'eau* par 24 heures, et telles maisons possèdent jusqu'à deux, trois et quatre puits (1).

(1) Dans la citadelle on compte quatre puits, restant d'un plus grand nombre. *Un seul de ces puits suffit à tous les besoins de la garnison,* qui s'élève parfois à 800 hommes.

Quant aux fontaines, leur produit s'élève à environ 180,000 litres par jour. Mais il est certain que ce rendement était autrefois plus considérable, et il pourrait l'être encore si ces mêmes fontaines étaient mieux entretenues et si certaines sources qu'on laisse perdre étaient recueillies (1).

Parlerons-nous des citernes? Personne n'ignore qu'il y en a autant au moins que de puits. Or, en évaluant leur contenance à la moyenne de 30 pièces chacune, chiffre assurément très-modéré, on arrive au total fort respectable de 3,600,000 litres, que nous réduirons de moitié pour ne rien exagérer. Il ne résulte pas moins de ces données, que les habitants du plateau ont journellement à leur disposition *plus de trois millions de litres d'eau*, soit par habitant 450 litres qui ne leur coûtent rien. En présence de ces chiffres, com-

A cette ressource ordinaire, on a ajouté celle d'une citerne immense, puisqu'elle ne contient pas moins de *dix millions de litres d'eau*. Aussi, le génie militaire a-t-il catégoriquement refusé de prendre aucune concession au projet des eaux.

(1) Une somme de 1,000 francs est portée au budget pour l'entretien des aqueducs, ponts, puits, pompes, fontaines et abreuvoirs. Il suffit d'énumérer ces divers services pour saisir aussitôt toute l'insuffisance de cette allocation. Aussi cet entretien n'est-il guère que nominal. Sur beaucoup de points, les pompes ne fonctionnent plus et les puits ne donnent pas d'eau parce qu'on a laissé les sables encombrer leurs bassins.

Il y a vingt ans, on comptait encore trente-deux puits publics établis dans les rues et sur les places de la ville. Dix ont été supprimés depuis, parce qu'il y avait trop d'eau sans doute.

Il en est de même de toutes les autres réparations : on ne les fait pas ou on les fait imparfaitement afin de réaliser une économie et trouver le boni dont on a besoin pour le projet des eaux. Il faudrait 30,000 fr. rien que pour les plus urgentes réparations à faire aux remparts de la ville. L'année dernière on a alloué 3,000 fr. pour cet objet, mais on n'en a dépensé que 1,500, sans doute dans le même but.

Nous sommes entré dernièrement dans les bâtiments de l'ancien Hôtel-Dieu. Ils tombent en ruine. L'escalier de l'entrée est effondré; la pluie pénètre de toute part, faute de gouttières ; les fenêtres sont vermoulues, brisées ; c'est navrant à voir, le reste est à l'avenant. Pour mettre tout en bon état dans la ville, comme l'y oblige son titre de chef-lieu de département, il y aurait cent mille francs à dépenser de suite. En retardant, cet état déplorable s'aggrave tous les jours.

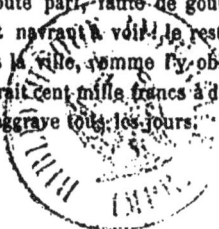

bien paraissent mesquins ces 35 litres d'eau promis par le projet au prix d'écrasants sacrifices !!

Nous abordons maintenant le reproche d'avoir égaré l'opinion publique, et notamment les habitants des faubourgs, en avançant que non-seulement les 20 centimes additionnels seraient consacrés à l'exécution du projet, mais qu'outre cela, les contributions seraient encore augmentées pendant une longue période de temps.

Si nous avons témoigné cette dernière crainte, c'est qu'elle est l'expression d'une conviction générale. Chacun se demande, en effet, avec quelles ressources on pourvoira au remboursement du capital engagé, aux dépenses annuelles d'exploitation et d'entretien quand on a formellement déclaré que les recettes ordinaires ou extraordinaires ne pouvaient rien donner, quand on va même diminuer les recettes ordinaires par la vente d'une rente de 3,000 fr., quand on a reconnu non moins solennellement que les dépenses augmentent sans cesse et ne permettent d'équilibrer le budget qu'au moyen du maintien d'impôts extraordinaires, quand enfin les concessions « formant *l'unique moyen* de mener à bonne fin cette grande entreprise, » ont complétement fait défaut. Et qu'on ne dise pas qu'il en viendra plus tard ; ce sont là de vaines espérances, formellement démenties à l'avance par les dispositions de la population entière (1).

Quant à avoir jamais insinué que la totalité des centimes additionnels devait être consacrée au paiement de la dépense des eaux, nous déclarons cette allégation absolument fausse. Comme tout le monde, nous savons parfaitement que dix centimes seulement seront, selon le projet, affectés à cette dépense, et nous défions de prouver que nous aurions dit autre chose. Il est donc tout à fait inexact d'avancer qu'on nous a éclairé sur ce point dans la séance du 20 avril 1867, et que nous avons alors reconnu notre erreur.

(1) Rappelons qu'en 1837, bien qu'il y eut encore peu de citernes en ville, on n'a pu trouver un nombre plus considérable de concessionnaires qu'aujourd'hui.

Mais les dix autres centimes, qu'en fera-t-on? Seront-ils supprimés et les contribuables dégrevés d'autant? On a toujours évité prudemment de s'expliquer à cet égard, et surtout de promettre leur suppression. Ils seront donc forcément maintenus, parce que, comme le dit le rapporteur du 9 mars : « Nos ressources n'augmentent pas, « tandis que nos dépenses augmentent sans cesse. » On les affectera à d'autres services, voilà tout. Nous avons donc pu annoncer leur maintien comme une chose inévitable; mais nous avons fait preuve d'une grande modération en ajoutant que cet impôt pourrait s'éteindre en 1896; car, en présence des lourdes et éternelles charges créées par le projet des eaux, il est permis d'affirmer qu'il sera à tout jamais impossible d'en dégrever les contribuables.

Qu'on ne vienne donc pas dire que les faubourgs ont pu être égarés. Ils sont trop éclairés, ils comprennent trop bien la question pour qu'il en puisse être ainsi. Ils savent que l'exécution du projet en question menace de rendre éternelles les lourdes charges dont ils se plaignent, quand elles ne devraient être que temporaires, et qu'éternellement aussi ils participeront pour une large part dans les frais d'une entreprise dont ils n'ont à attendre aucun avantage.

A l'égard des voies et moyens d'exécution, on nous dit que le projet, voulant calculer *largement* la dépense, a porté une somme de 28,000 francs pour frais imprévus.

Nous voyons, nous, dans cette somme une véritable imprévoyance, car, dans l'exécution d'un projet aussi considérable, ce qu'il faut accorder à l'imprévu pour n'être pas nécessairement trompé, c'est 80, c'est 100 mille francs au moins, comme on l'a fait à Soissons. On peut même se demander s'il y a véritablement quelque chose d'affecté à cet imprévu, quand on voit que ces 28,000 francs sont dès à présent absorbés par les frais d'études préliminaires, par les honoraires de l'ingénieur et par quelques autres dépensés non prévues au devis.

On nous répond, il est vrai, par l'annonce d'une ressource bien inattendue assurément, et tout fraîchement éclose, par le *rabais* que produira nécessairement la mise en adjudication des travaux.

Voyons, franchement, cette réponse est-elle bien sérieuse? De deux choses l'une : ou le devis est bien fait, ou il ne l'est pas. S'il est mal fait, il faut le rejeter à l'instant, car on ne sait où il nous conduirait. Si au contraire il est bien fait, comme on l'assure, s'il a tout prévu, tout calculé avec le plus grand soin, il est incontestable qu'on ne pourrait obtenir un rabais sur ses prix qu'au détriment de la bonne exécution des travaux, résultat qui serait le plus déplorable de tous.

Nous avons dit qu'à Soissons, où l'on puise en plein dans une grande rivière, offrant une masse d'eau considérable, véritable garantie de son abondance, les habitants voulant se prémunir contre toute chance défavorable, avaient encore demandé l'établissement de filtres, en raison de ce que les grandes pluies produisent parfois un trouble dans les eaux de la rivière; et nous avons ajouté que l'administration municipale de cette ville, reconnaissant la justice de cette demande, s'était empressée d'y satisfaire.

A Laon, nous réclamons le même avantage, et l'on nous fait cette réponse : « Il ne s'agit pas ici d'eau de rivière, « comme à Soissons, mais d'eau de source : les filtres sont « donc inutiles. »

Voilà, vraiment, qui est étrange. Quoi ! à Soissons on établit des filtres uniquement pour se défaire d'un peu de boue, qui se mélange parfois à l'eau, et l'on nous en refuse pour une eau coulant sur un épais fond de vase qui, au moindre choc, s'y répand comme un nuage et lui communique aussitôt une couleur noire de sinistre aspect.

En vain nous dit-on qu'on établira un drainage dans le fond de la rivière : il est certain, pour tous les gens d'expérience, que ce moyen est impuissant à empêcher les mélanges. Il y en aura donc, cela est inévitable ; dès lors, des filtres sont nécessaires, et un jour ou l'autre il faudra en établir. Ajoutons que dans aucun cas le filtrage ne saurait enlever à l'eau son insupportable odeur de tourbe.

Dans notre étude, nous avions cru nécessaire de porter une augmentation de dépense pour le complément de la canalisation dans la ville. On se contente de nous répondre qu'il n'y a pas lieu de s'en occuper, attendu que ce supplément ne peut résulter que de nouvelles concessions.

Mais on oublie qu'il y a, en dehors du réseau de la canalisation aujourd'hui arrêtée, un certain nombre de concessionnaires qu'on ne peut satisfaire qu'en étendant dès à présent cette canalisation. Et si, acceptant les espérances du projet, nous comptions sur des concessions dans l'avenir, nous pourrions montrer qu'elles entraîneront, pour la plupart, de grandes dépenses de canalisation, en raison de la forme allongée du plateau et de la dispersion des habitations. De toute manière, il faut compter sur une augmentation notable de cette dépense, sous peine de faire preuve d'une grande imprévoyance.

On nous a contesté qu'il y aurait déficit dans la quantité d'eau fournie par le projet, et l'on prétend au contraire qu'il y aura excédant. Nous allons prouver en peu de mots que l'erreur est du côté de nos adversaires.

Il faut d'abord rétablir le vrai chiffre de la population urbaine. D'après les tables de recensement, elle serait de 6,800 âmes et non de 6,000 seulement, comme on l'a dit et comme nous l'avons cru nous-même. On sait que la ville affectant 340 mètres cubes d'eau aux services publics, il ne reste, sur les 600 mètres qu'elle prétend faire monter, que 260 mètres de disponibles pour les particuliers. Or, 6,800 habitants à 40 litres chacun, donnent le chiffre de 272 mètres : donc, il y aura 12 mètres ou 12,000 litres de déficit; en d'autres termes, la ville a promis 40 litres d'eau par habitant, mais en réalité elle ne peut fournir que 35 litres, et ce chiffre diminuera encore si la population vient à s'accroître, ou si les services publics exigent par la suite plus d'eau qu'on ne leur en accorde aujourd'hui.

Nous arrivons maintenant à un reproche qu'on nous fait avec beaucoup d'amertume, celui d'avoir avancé : « que le » rapport du 3 juin 1867 fut adopté séance tenante et sur

» une simple lecture, sans tenir compte des réclamations
» de la minorité. » Quelques explications suffiront pour dé-
montrer que nous n'avons en rien altéré les faits.

On a lieu de s'étonner d'abord qu'aucun membre de la
minorité du conseil n'ait été appelé à faire partie de la
commission spéciale qui fut chargée d'examiner le projet
de M. Renard. Loin de là, cette commission fut nommée
en l'absence de ses membres empêchés, dans la séance du
16 juillet 1866, et bien que les lettres de convocation n'in-
diquassent, ni la question des eaux, ni la nomination de
cette commission parmi les objets à l'ordre du jour.

Dès la présentation de ce projet, nous avions réclamé
l'impression du devis de l'ingénieur, afin de pouvoir
l'étudier à loisir, nous renseigner auprès des hommes spé-
ciaux, en un mot, nous éclairer complétement à son égard.
Rien ne nous paraissait plus indispensable, en raison surtout de son importance capitale. Cependant cette satisfaction nous fut refusée, sous prétexte que nous pouvions en
prendre connaissance dans les bureaux de la mairie et que
l'impression en coûterait trop cher (1).

Mais dans la séance du 3 juin 1867, en présence d'un
vote définitif qu'on demandait, nous crûmes devoir protester contre un acte qui nous paraissait entaché de précipita-

(1) Nous avons demandé des concessions d'eau pour les faubourgs. On
nous a d'abord répondu que cela n'était pas possible, attendu que la dépense s'en trouverait augmentée au point qu'il faudrait renoncer au projet.
Plus tard, on s'est ravisé, et l'on a dit que les faubourgs pourraient en
avoir par la suite, si les ressources de la ville permettaient ce supplément
de dépense, engagement conditionnel qui équivaut à un refus.

On a soutenu, d'ailleurs, que les faubourgs n'étaient en rien oubliés, et
l'on a rappelé notoirement que celui de Vaux venait d'être doté de l'éclairage au gaz, oubliant que cette transformation n'avait presque rien coûté
au budget municipal, si même il ne lui avait épargné une forte dépense, en
raison de ce que le matériel de l'éclairage à l'huile établi à Vaux depuis
longtemps était entièrement à renouveler.

On a aussi parlé du clocher d'Ardon, mais chacun sait que ce clocher
réclamait d'urgentes réparations et que dans cette circonstance les habitants
de ce faubourg se sont cotisés pour une forte somme.

tion, déclarant que nous n'étions pas suffisamment éclairés par la simple lecture qui avait été faite des différents rapports sur cette affaire, et réclamant avec une nouvelle insistance non-seulement l'impression du devis détaillé de M. Renard, mais encore la communication des listes de souscription aux eaux, documents dont la lecture attentive nous paraissait indispensable pour établir notre opinion en parfaite connaissance de cause. Malgré ces réclamations légitimes, le conseil passa outre et vota définitivement le projet.

Voilà, nous ne craignons pas de l'affirmer, comme les choses se sont passées dans la séance du 3 juin 1867 ; dès lors, nous avons cru et nous croyons encore qu'elles nous donnaient le droit de parler comme nous l'avons fait. Qu'à ce moment la majorité du conseil ait estimé que l'examen du projet Renard était pour elle « complet, sérieux et impartial, » cela est possible et nous n'y contredisons pas. Mais qu'on prétende qu'il dût en être de même pour nous, quand on nous avait refusé les moyens que nous croyions les plus propres à nous éclairer; c'est là, ce nous semble, une prétention excessive et inadmissible.

Au résumé, le projet des eaux n'est plus aujourd'hui ce qu'il était dans l'origine : on demandait alors aux concessions *seules* les ressources nécessaires à son exécution (1) : maintenant on les demande au maintien indéfini de lourds impôts et à un prétendu boni qui ne peut s'obtenir qu'au détriment des autres services publics, car le rapporteur des voies et moyens n'a pas craint de le déclarer : « L'exécution » de ce projet doit faire renoncer, a-t-il dit, pour un temps » plus ou moins long, à réaliser des améliorations nouvelles

---

(1) On sait que les membres du Conseil se sont transportés de maisons en maisons pour engager les habitants à prendre des concessions. C'était une véritable enquête ouverte sur l'opportunité du projet. Qu'a-t-elle produit ? Sur 900 maisons, *soixante seulement* ont pris des concessions !!

D'un autre côté, quelles sont les maisons qui peuvent avoir le plus besoin d'eau, sinon les petites. Or, les concessions étant pour elles de 36 fr. 50 c. comme pour les plus grandes, c'est-à-dire les plus riches, on est en droit de se demander si cette mesure est vraiment libérale et dictée par l'intérêt des classes ouvrières, comme on le prétend.

» et ajourner *forcément* certains travaux *que réclame l'opinion*
» *publique* » (rapport p. 11-12). Parler ainsi n'est-ce donc pas
dire aux habitants de la ville : on ne réparera pas les brèches
honteuses de vos remparts délabrés, on ne rétablira pas
le pavé de vos rues partout défoncé, on ne dégagera pas les
abords de la Cathédrale pour en livrer l'emplacement aux
marchés qui le réclament, on ne vous donnera ni un abat-
toir au bas de la côte, ni un marché-couvert dans la ville,
on laissera tomber en ruines votre Collége, on n'entretien-
dra ni vos pompes, ni vos puits, ni vos fontaines, etc., etc.?
N'est-ce pas dire également aux habitants des faubourgs :
vous demanderez en vain des écoles pour La Neuville et
Saint-Marcel, des réverbères pour Ardon, un lavoir public
pour Vaux ; vous réclamerez inutilement la réparation des
chemins, et tant d'autres choses non moins utiles et urgentes (1), car, malgré toute sa bonne volonté, la ville est
dans la plus complète impuissance de vous satisfaire : ses
recettes restent stationnaires, tandis que ses dépenses augmentent sans cesse ; elle est accablée de charges dont cha-

(1) Ces travaux sont, en effet, bien loin d'être les seuls que l'opinion
réclame. Dans la ville, on demande hautement des écoles pour le quartier
St-Martin qui en est privé, et l'établissement d'une rampe partant du rem-
part St-Jean, ou l'ouverture d'une porte dans le cloître St-Jean, pour per-
mettre d'arriver directement en voiture dans les Chanizelles, d'y aller faire
abreuver les chevaux ou d'y prendre de l'eau.

Dans les faubourgs, on réclame la mise en bon état des chemins ruraux,
la somme allouée à cet objet étant d'autant plus insuffisante qu'une partie
en est affectée à l'entretien des grimpettes. À Ardon, on demande l'empier-
rement de la rue des Jardiniers, et le détournement des eaux des égoûts de
la ville, qui coulent tout le long de la grande rue. On réclame particulièrement l'éclairage de toutes les rampes pendant la nuit, pour éviter les
accidents, comme il s'en est déjà produit, et surtout dans l'intérêt des ou-
vriers qui rentrent le soir, et dans celui des enfants qui fréquentent les
écoles d'adultes.

Quant aux écoles établies dans les faubourgs, toutes sont à loyer :
aussi sont-elles mal installées. Aux heures de récréation, les enfants sont
obligés d'aller jouer dans les rues voisines, faute de cours.

Il n'est pas jusqu'au receveur d'octroi de Vaux qui ne soit aussi à loyer.
Il réside dans une maison située à 60 mètres de son bureau !

cun connaît le nombre et la gravité (rapport du 9 mars); sa situation financière empire tous les jours, et son budget se solderait par un déficit considérable, si l'on ne maintenait les centimes additionnels et la surtaxe ; enfin toutes les ressources disponibles doivent être réservées à l'exécution du projet des eaux, parce qu'il faut le faire passer avant toute amélioration, avant tous travaux d'utilité publique, même réclamés par les besoins de la population (rapport du 12 mars 1867).

Résumons-nous en deux mots.

Dans son rapport du 13 mars 1865, lu en présence du Conseil municipal assemblé, et répandu, imprimé dans toute la ville, M. le Maire disait, page 4 : « Je dois recon- » naître que pour exécuter un si considérable projet, notre » situation budgétaire *ne nous permet pas* de faire appel aux » ressources actuelles ordinaires ou extraordinaires, et j'ai » établi *très-certainement d'accord avec vous,* que *le seul moyen* » de réaliser une si grande entreprise *ne pouvait résulter que* » *du produit des concessions.* Puis il ajoutait, pages 6 et 7 : « la somme des concessions *nécessaires* pour réaliser ce » projet est de *vingt-deux mille francs*; pour le mener à » bonne fin, *il faut donc trouver cette somme* au moyen de » concessions souscrites pour 18 ou 19 ans. »

Voilà qui est clair, catégorique, parfaitement défini : l'exécution du projet des eaux ne peut être entreprise que par l'unique moyen de concessions produisant 22,000 francs *assurés* pendant 18 ans. Or, malgré d'actives démarches, on a pu réunir à peine *le tiers* des souscriptions demandées.

En présence d'un tel résultat, et en admettant que là seulement soit le nœud de la question, qu'avait-on à faire ? sinon d'abandonner aussitôt le projet, cette conduite étant, ce nous semble, la conséquence *obligée* des déclarations pré- cédentes. En effet, en reconnaissant hautement, solennel- lement comme on l'a fait, que devant notre situation finan- cière, on ne devait songer à l'entreprendre qu'à la condi- tion de réunir 22,000 francs de concessions, n'était-ce pas en quelque sorte donner l'assurance qu'on le retirerait le jour où cet unique moyen de le mener à bonne fin ferait défaut? Il a complétement échoué, chacun le sait, et dès lors il est permis de croire que le moment est venu de mettre les actes en parfait accord avec les paroles, et de donner ainsi à l'opinion publique la satisfaction qu'elle attend.

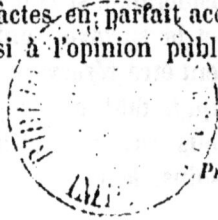

MIDELET,
Propriétaire-Agriculteur.

Vaux-sous-Laon, le 25 avril 1868.

www.ingramcontent.com/pod-product-compliance
Lightning Source LLC
Chambersburg PA
CBHW060732280326
41933CB00013B/2607